Hobbes
&
a liberdade

Coleção **PASSO-A-PASSO**

CIÊNCIAS SOCIAIS PASSO-A-PASSO
Direção: Celso Castro

FILOSOFIA PASSO-A-PASSO
Direção: Denis L. Rosenfield

PSICANÁLISE PASSO-A-PASSO
Direção: Marco Antonio Coutinho Jorge

Ver lista de títulos no final do volume

Júlio Bernardes

Hobbes & a liberdade

ZAHAR

Para Christine Quillfeldt Carara

Jorge Zahar Editor Ltda.
rua Marquês de S. Vicente 99 – 1º | 22451-041 Rio de Janeiro, RJ
tel (21) 2529-4750 | fax (21) 2529-4787
editora@zahar.com.br | www.zahar.com.br

Capa: Sérgio Campante

Composição eletrônica: TopTextos Edições Gráficas Ltda.

CIP-Brasil. Catalogação-na-fonte
Sindicato Nacional dos Editores de Livros, RJ.

Bernardes, Júlio
B444h Hobbes & a liberdade / Júlio Bernardes. — Rio de Janeiro: Jorge Zahar Ed., 2002
(Passo-a-passo)

Inclui bibliografia

ISBN 979-85-7110-666-6

1. Hobbes, Thomas, 1588-1679. 2. Hobbes, Thomas, 1588-1679. O leviatã – Crítica e interpretação. 3. Ciência política. 4. Estado. I. Título. II. Série.

CDD 320.1
02-1130 CDU 321.01

Sumário

Apresentação

O *Leviatã*, a obra mais famosa de Thomas Hobbes, foi marcado, na modernidade, pelo *absolutismo*; e este, no nosso tempo, passou a ser sinônimo de Estado autoritário. O objetivo deste breve livro, entretanto, é apresentar ao leitor o estatuto e a importância do conceito de liberdade na obra política de Hobbes. Predicar o absolutismo de sua filosofia política é, em geral, uma forma de apresentá-la como oposta ao desenvolvimento e à emancipação da liberdade ao longo da história moderna. Hobbes é comumente responsabilizado por fundamentar e legitimar uma forma de Estado avesso às liberdades e garantias individuais. Veremos que tal acusação constitui grave injustiça para com esse pensador e é fruto de leituras equivocadas ou ideologicamente orientadas.

Hobbes, como muitos modernos, pensou o Estado a partir do problema da liberdade. Pode-se dizer que a sua obra de filosofia política é um ensaio sobre a liberdade: a liberdade natural; os fundamentos da liberdade do Estado — a soberania; e a liberdade civil ou a liberdade dos cidadãos. Aqui nos deteremos em analisar a idéia de liberdade civil e a liberdade do Estado político. Para tanto, consideraremos o percurso argumentativo que expõe a gênese do Estado, sua matéria e natureza, apresentando abreviadamente o argumento de filosofia política que tornou Hobbes famoso e maldito. Primeiramente consideraremos alguns fatos históricos e noções elementares requeridas para a compreensão da teoria do contrato e da gênese do Estado político. Em seguida, serão enfatizados nesta teoria os aspectos relativos à liberdade dos indivíduos no estado de natureza, a passagem para o Estado político e a situação de liberdade civil interna ao mesmo. Por último, exporemos, então, a tese hobbesiana sobre a liberdade civil, caracterizando, no contraponto entre as esferas pública e privada, uma afinidade última entre os desejos e as vontades do Estado e dos seus membros, os cidadãos.

Hobbes: história e reflexão

O período histórico no qual Hobbes (1588-1679) viveu é marcado por contendas ideológicas, conflitos políticos e religiosos e pelas recentes descobertas de novos continentes. Dentre estes aspectos deve-se destacar o embate entre concepções sobre a natureza, iniciado pela ascensão da nova ciência representada por Galileu, e caracterizado por um conflito que se estendia ao domínio do dogma religioso, chegando, portanto, às questões centrais de estruturação de visão de mundo e de poder. Em termos gerais, essa é uma época em que a ciência está ainda politicamente atrelada à doutrina religiosa.

Uma época em que, por exemplo, a tese papista, sobre a legitimidade do domínio do reino supratemporal, encarnado pelo máximo representante da Igreja Católica Romana, sobre os demais reinados temporais, dependia de um discurso a respeito da natureza e da posição do homem no cosmo. Nesse discurso, apresentado pela tradição escolástica, confluíram as teses de Aristóteles e os dogmas do cristianismo. Tal compatibilização fora resultado de um trabalho milenar que envolveu a inteligência da cristandade à luz de intensas disputas medievais.

Todo o empreendimento de coadunar os dogmas do cristianismo com uma teoria sobre a natureza e o ser estava sendo teórica e historicamente contestado pelo anúncio da nova física ou, ainda, pela apresentação de uma nova visão de mundo, que em si mesma veicula uma nova ciência do ser. Além disso, ainda no século do nascimento de Hobbes, estava em curso a afirmação dos movimentos contestatórios ao poder papal, como a reforma protestante de Martinho Lutero. Era um período de medo em que a sombra da morte violenta rondava a todos, sem exceção — ao clero, aos reis, aos súditos e aos intelectuais. Um período em que a Espanha católica ameaçava de invasão a Inglaterra momentaneamente protestante. Não por acaso o prematuro Hobbes, nascido durante um falso anúncio de invasão da temida armada espanhola, se apresenta na sua autobiografia como irmão do medo: “Minha mãe deu à luz gêmeos, eu e o medo!”

Thomas Hobbes nasceu no dia 5 de abril de 1588 em Westport, perto de Malmesbury, no condado de Wiltshire.

De família humilde e amparado por um tio, obtém, com 20 anos, o título de *Baccalaureus artium*, o que lhe possibilita se sustentar como preceptor do filho de William Cavendish, o Conde de Devonshire. A convivência com esta casa lhe permitiu desenvolver suas aptidões intelectuais através do desfrute da bela biblioteca da família e de viagens ao continente, além de lhe proporcionar uma vida confortável em virtude de uma pensão deixada por seu aluno e amigo que morrera prematuramente.

Hobbes teve uma vida intelectual dinâmica e uma vida política cheia de percalços. Em suas viagens ao continente pôde conviver com os mais notáveis intelectuais de sua época. Na viagem realizada entre 1634 e 1637, conhece o padre Mersenne, na França, que o apresenta a uma plêiade de intelectuais, dentre os quais Descartes, com o qual Hobbes manterá um intenso debate através de cartas. Na Itália, convive com Galileu.

Em 1640, na iminência de uma revolução liberal, Hobbes anuncia o seu apoio ao rei Carlos I em um tratado, *Os elementos da lei natural e política*, publicado na forma de manuscrito. Com a deterioração da situação política na Inglaterra, Hobbes exila-se, nesse mesmo ano, em Paris. A partir desse momento, sofrerá com a falta de liberdade de expressão e pensamento. Em 1642, quando da eclosão da guerra civil inglesa, publica em latim uma edição limitada do *De cive*, obra que lhe causou mais problemas do que benesses; muitos viram nela considerações ateístas. Tal situação se agrava quando da discussão sobre o livre-arbítrio com o bispo de Derry, John Bramhall. Em 1654, a obra passa a ser proibida, entrando para o *Index* da Igreja Católica.

Nesse ínterim, a guerra civil inglesa intensifica-se, o rei é vencido e Cromwell, vitorioso, assume o poder. Em 1649, Carlos I é decapitado e a corte busca abrigo em Paris. Apesar de Hobbes ter apoiado o rei, é praticamente banido do convívio com a corte pelas idéias anticlericais veiculadas no *De cive*. A censura que lhe é imposta é de tal grau que, ao assumir como preceptor do jovem príncipe de Gales e futuro Carlos II, rei da Inglaterra, teve de se comprometer a ensinar-lhe apenas matemática.

Devido à perseguição do clero francês, motivada pela publicação em inglês do *Leviatã* em 1651, Hobbes decide, no ano seguinte, voltar à Inglaterra e dedicar-se às suas obras de metafísica e moral. Paradoxalmente, em 1660, com Carlos II no poder e a monarquia restaurada, Hobbes passa a ser perseguido por velhos e novos adversários, que intencionavam impingir-lhe um processo por impiedade e ateísmo. Entretanto, alguns amigos na corte livram-no das acusações, permitindo-lhe, então, dedicar-se exclusivamente à literatura clássica e a escrever a história da guerra civil inglesa, obra intitulada *Behemoth*, na qual reflete sobre as causas do conflito.

Hobbes morre aos 91 anos em 1679. No momento da certeza da morte, teria pronunciado: "Felicita-me ter uma brecha pela qual posso escapar deste mundo." Surpreendente, para um homem que classificou o desejo pela morte como uma forma de patologia — demência ou loucura —

e que elevou a preservação da vida, ou medo da morte, ao estatuto de princípio de filosofia moral e civil.

A filosofia e a nova ciência: o princípio de inércia

Pode-se dizer que duas coisas mudaram definitivamente a vida intelectual de Thomas Hobbes: o "espanto" com as verdades *a priori* da geometria de Euclides e a física de Galileu. O respeito pela física de Galileu deveu-se ao contato anterior de Hobbes com as verdades *a priori* da geometria. Ou seja, Hobbes admirava Galileu e sua obra em virtude da relação que tanto ele quanto Galileu, e suas respectivas obras, mantinham com a geometria euclidiana. Diga-se de passagem, uma relação de dependência para ambas as teorias.

Não se pode omitir, entretanto, a enorme influência de Bacon sobre o seu jovem secretário Thomas Hobbes. Dele advém, provavelmente, o interesse e o compromisso teórico hobbesianos com o empirismo, ainda que tomado em uma acepção mais refinada — a que irá determinar, propriamente, o sentido de *experiência* e *observação* na nova ciência.

A partir desse duplo encontro e orientado pelo empirismo tomado de Bacon, Hobbes passa a ser, de forma radical, um referencial na filosofia das transformações da ciência nos séculos XVI e XVII. Sua reflexão, então, torna-se irremediavelmente tributária das noções e idéias decorrentes dessa nova atitude intelectual, que se baseia, sobretudo, na *matematização da natureza*. Tal procedimento consiste, inicialmente, na substituição do espaço concreto de nossa experiência sensível pelo espaço geométrico. Disso deriva-se uma nova concepção de universo infinito que se contrapõe à *idéia de cosmo* provida pela velha ciência de matriz aristotélica. Esses dois momentos, que se interligam nessa nova matriz teórica acerca da natureza, acabam por proporcionar a invenção da *lei de inércia* — princípio geral da natureza que sepulta a idéia de um cosmo cindido em domínios distintos e orientado por diferentes princípios.

A física de Galileu parte da generalização da concepção de perfeição do mundo. Não há mais distinção entre os domínios da perfeição imutável e da corrupção; o que existe é determinado por um único princípio, sejam fenômenos físicos terrestres ou celestes. A geometrização do espaço advém da necessidade pitagórica de apresentar as *formas* ou leis do mundo pela gramática da matemática. Nesse sentido, o mundo passa a ser concebido como um espaço homogêneo e sem distinções de domínios. A instituição de um único princípio para todo o universo de fenômenos acaba por consolidar a representação de um universo infinito, homogêneo e regido univocamente — o que, de certo modo, contraria as evidências empíricas imediatas. O princípio de inércia postula que, independentemente da natureza dos corpos, estes se movem do mesmo modo segundo algo que não lhes é inerente nem lhes pertence como qualidade, mas que neles atua como força.

A geometrização do espaço, isto é, a substituição do espaço real pelo espaço abstrato da geometria — como Alexander Koyré bem assinala —, implica que o movimento passe a ser considerado uma transição geométrica de um ponto a outro. Nesse sentido, o movimento não altera nem produz qualquer modificação nas qualidades essenciais de um corpo que se encontra nesse estado cinético, pois o movimento e o repouso são estados eventuais de um ser, não estando associados à sua natureza. Assim, um corpo é idêntico a si mesmo, não obstante encontrar-se em um ou outro estado. Ou seja, o movimento não mantém mais relação de dependência lógica ou ontológica com os aspectos substanciais de um corpo.

Ao assumir essa independência e indiferença da natureza do ser para com os estados de movimento e repouso, uma vez que eles não alteram nem afetam a natureza do mesmo, tem-se, igualmente, de assumir a natureza relativa do movimento e do repouso, já que é impossível atribuir e determinar um desses estados em um corpo, considerado em si mesmo, isoladamente dos demais. Isso quer dizer que a determinação do estado cinético — movimento ou repouso — supõe a relação que um corpo mantém com outro corpo que se toma como referência. Logo, um corpo está em movimento somente em relação a outro que se supõe estar em repouso, e vice-versa. Dessa forma, pode-se atribuir, tanto a um como ao outro, esses respectivos estados conforme o ponto referencial que adota o sujeito de conhecimento, isto é, a perspectiva de observação ou o ponto espacial onde se situa o observador. Assim, os estados cinéticos são relativos, pois a sentença atributiva depende da relação que os corpos mantêm entre si para a decisão do seu valor de verdade.

Considerando o movimento e o repouso como estados absolutamente opostos, para que um ser passe de um a outro estado é necessário, portanto, que nele se aplique uma força que opere essa passagem; caso contrário, permanecerá indefinidamente no mesmo estado em que se encontra. Segue-se então que o corpo não requer mais força ou causa para mantê-lo nesse estado. Isto é um prenúncio teórico da elaboração do conceito de inércia: pensar que um corpo pode indefinidamente se encontrar em um determinado estado cinético sem a atuação constante da causa ou da força sobre si.

Vejamos, resumidamente, os passos necessários para que se formule e prove a noção de inércia como um princípio da concepção de universo da física seiscentista e setecentista, o que é absolutamente relevante para a filosofia de Thomas Hobbes.

A noção de inércia requer um conjunto de condições para que possa ser concebida como princípio e lei da natureza, condições que a *geometrização do espaço* satisfaz. A saber: a) a possibilidade de tomar um corpo qualquer isolado de todas as condições físicas e materiais; b) o espaço concebido como infinito e homogêneo; c) a concepção de que os estados de movimento e repouso possuem o mesmo estatuto ontológico.

Isso significa, em outros termos, que, ao ser satisfeita a condição "a", pode-se conceber um experimento em *condições ideais*, ou seja, um corpo situado na ausência de matéria (o vácuo) e que não está, portanto, submetido às condições físicas e materiais que determinam ou orientam a experiência bruta; e que, satisfeitas as condições "a" e "b" (de um espaço infinito e homogêneo), se extrai, como resultado, a concepção da permanência eterna do corpo no estado de movimento, desde que esteja igualmente satisfeita a condição "c" (que anuncia o movimento e o repouso como estados independentes da natureza do corpo), porque os estados, ao serem dados, independem de qualquer causa ou determinação natural do corpo para que permaneçam existindo indefinidamente como os estados nos quais os corpos se encontram.

Deve-se observar que a satisfação da condição "c" completa a noção de total independência, já anunciada em "a" e "b", entre o domínio do *experimento mental*, realizado sob *condições ideais* — outra característica da física clássica — e o domínio da experiência bruta. Ela decreta a liberdade e autonomia da nova ciência frente às intuições do senso comum, superando a teoria aristotélica, que se incumbiu de explicá-las, transpondo-as, sob certos postulados ontológicos, para um domínio teórico — o que a torna tributária, em certa medida, da experiência bruta e das intuições próximas ao senso comum.

Nesse sentido, poderíamos dizer que a física aristotélica está mais próxima e se conforma melhor à experiência do senso comum do que a física de Galileu. Com isso não se quer dizer que a experiência ou o caráter experimental não estejam presentes como características da nova ciência; essa é uma das suas características mais salientes. Entretanto, se atribuirmos à experiência o sentido de "experiência bruta", como se referindo à observação empreendida pelo senso comum, então produzir-se-á um grande erro de leitura sobre esse período da história conceitual da *física*. A experiência, assim concebida, tornou-se um grande obstáculo intelectual e conceitual para a gênese e consolidação desse novo modo de explicação e concepção da natureza e dos seus fenômenos.

Na nova ciência, a observação ou a experiência irão se constituir em um expediente marcado pelo desprezo em relação às propriedades sensíveis dos objetos, isto é, aquelas que imediatamente se apresentam na faculdade da sensibilidade. A determinação dos objetos apenas pelas relações quantitativas será a característica desse novo expediente observacional. Segundo Koyré, a novidade que a ciência moderna apresenta aqui é denotada pelo expediente de prova do *princípio de inércia*, ou seja, o "experimento mental", que não depende em nenhum grau da experiência bruta.

Esse é um traço absolutamente presente e motivador da concepção de experiência de Hobbes. Um geômetra da política, ele deprezará as particularidades e as contingências da história das nações e dos impérios para fundar uma ciência que apresente os aspectos fundamentais e formais que garantam a aplicação de seu modelo para todas as ocorrências contingentes. Eis uma característica essencial que deve ser considerada na leitura da obra política de Hobbes, pois é o que garante o aspecto fictício do advento do Estado. O *Leviatã* é uma obra de ficção da razão sobre a gênese do Estado. O *estado de natureza* e a passagem para *o Estado político* exigem do leitor o mesmo grau de abstração exigido pelo procedimento de prova de Galileu. No cerne do *Leviatã* encontra-se essa forma, própria da nova ciência, de provar suas teses.

Além deste, os traços mais marcantes acima enunciados e com os quais Hobbes está profundamente concernido são: a) tomar o movimento — lei de inércia — como primeiro princípio de sua filosofia; b) aceitar a concepção de que tudo o que existe consiste em corpos e movimento; c) a prevalência da geometria como ciência primeira da qual dependem a física e, igualmente, a moral e a política.

Por sua vez, a ontologia hobbesiana, apresentada na sua obra de filosofia primeira (*De corpore*), toma como princípios para a concepção de mundo os resultados acima expostos e a idéia de que tudo o que existe se encontra determinado em uma relação de causalidade. As categorias de causalidade com as quais Hobbes opera são a de causa eficiente e causa material, que suportam uma de suas noções fundamentais: todas as coisas que existem (corpos) se encontram em um estado cinético qualquer. Ou seja, se o estado no qual um determinado corpo se encontra não deriva da sua natureza específica, então, alguma força nele atuou como causa desse efeito.

A idéia de mundo de Hobbes depende dessas concepções; portanto, o mundo é tomado como o domínio da finitude, isto é, da extensão, no qual os seres (corpos) mantêm entre si uma relação necessária determinada pela categoria de causalidade imanente ao princípio de inércia, assumido como princípio fundamental dessa ontologia.

Inércia e liberdade

A definição de liberdade, em Hobbes, é marcada pelo seu compromisso intelectual com as cláusulas que, como vimos acima, caracterizam a nova ciência. A concepção hobbesiana é tributária da teoria mecanicista e materialista, que defende a tese de que a realidade é constituída por matéria e movimento e condicionada pela lei de inércia. Em um sentido geral, Hobbes apresenta a liberdade como a ausência de todos os impedimentos para a ação que não está contida como qualidade intrínseca na natureza do agente. Cito Hobbes: "Por liberdade entende-se, conforme a significação própria da palavra, a ausência de impedimentos externos, impedimentos que muitas vezes tiram parte do poder que cada um tem de fazer o que quer ... ."

Se analisarmos com minúcia a lei de inércia, veremos que esta definição de liberdade coincide com uma das condições que o seu expediente de prova requer. Como vimos anteriormente, o princípio de inércia pressupõe um estado ideal de ausência absoluta de impedimentos (o vácuo) para que possamos, então, conceber a idéia da permanência indefinida de um corpo em um estado cinético qualquer. Ora, mediante isso, podemos concluir que a definição de liberdade hobbesiana citada acima é extraída do princípio de inércia.

A solicitação, à imaginação, de um domínio de ausência absoluta de impedimentos é a solicitação de um domínio ideal para o livre movimento dos corpos. Ao *naturalizar* a liberdade, apresentá-la por dedução do princípio reitor da natureza e, portanto, submetê-la definitivamente ao domínio da causalidade natural, Hobbes acaba por generalizá-la para todos os tipos de eventos, físicos, morais e políticos. A liberdade não é uma idéia restrita ao domínio da ação humana, como será para uma gama de filósofos modernos, dentre os quais Kant.

A questão do livre-arbítrio é um dentre outros problemas que Hobbes tem de solucionar em virtude dessa *naturalização* da concepção de liberdade. Em resumo, o problema — de que não iremos tratar neste livro — consiste em como se pode afirmar a liberdade no domínio da ação humana se tudo é determinado pela causalidade natural através do princípio de inércia. Hobbes tentará resolver esse impasse pela compatibilização entre as concepções de liberdade e deliberação e a idéia de que tudo é causalmente determinado.

A esse respeito, cito Hobbes. "[A] liberdade e a necessidade são compatíveis: tal como as águas não tinham apenas a liberdade, mas também a necessidade de descer pelo canal, assim também as ações que os homens voluntariamente praticam, dado que derivam de sua vontade, derivam da liberdade; ao mesmo tempo que, dado que os atos da vontade de todo homem, assim como todo desejo e inclinação, derivam de alguma causa, e essa de uma outra causa, numa cadeia contínua (cujo primeiro elo está na mão de Deus, a primeira de todas as causas), elas derivam também da necessidade. De modo tal que, para quem pudesse ver a conexão dessas causas, a necessidade de todas as ações voluntárias dos homens pareceria manifesta."

A deliberação é, segundo Hobbes, o momento em que um sujeito pondera, auxiliado pela razão prudencial, sobre o que irá fazer em relação a um objeto de desejo ou de aversão. Ela é uma cadeia de desejos e aversões referentes a um objeto que se apresenta para o indivíduo e que lhe solicita, num primeiro instante, uma atenção volitiva. Ou seja, a deliberação, na sua totalidade, é o processo resultante da ponderação sobre os aspectos do objeto, que evocam sentimentos antagônicos, processo no qual a causa da ação — a vontade — ainda não está determinada. Quando determinada a causa da ação, isto é, quando constituída a vontade, cessa a liberdade desse movimento de ponderação. (Deliberação, em latim, significa, como bem assinala Hobbes, "fim da liberdade".) A solução de Hobbes, portanto, consiste parcialmente na idéia de que a *liberdade* ocorre no movimento discursivo de ponderação, enquanto a causa da ação, a vontade, não é anunciada. A vontade é o último elo dessa cadeia de desejos e aversões; dela segue-se a ação; a vontade, resultante, já não é livre — pois é efeito do processo —, bem como a ação por ela causada.

O importante, para os nossos propósitos, consiste em ressaltar um aspecto da relação entre a ação, a vontade e a liberdade: a ação sempre estará de acordo com a vontade, isto é, ela — como efeito — revela a sua causa, a *vontade* do agente. Para Hobbes não é possível alguém agir contra a vontade, pois o efeito segue-se da causa, a vontade mesma, que por sua vez foi engendrada em um processo de ponderação, a deliberação. Desta forma, não faz sentido a idéia de "agir forçado" ou "contra a sua vontade"; sempre se agirá em conformidade com a vontade. Assim, de alguém que agiu por medo ou de alguém que agiu por bravura se dirá igualmente que agiram conforme sua vontade, segundo o que lhes pareceu o melhor, o mais aprazível, nos respectivos processos de deliberação. "O medo e a liberdade", diz Hobbes no *Leviatã*, "são compatíveis: como quando alguém atira seus bens no mar com medo de fazer afundar seu barco, e apesar disto o faz por vontade própria, podendo recusar a fazê-lo se quiser, tratando-se da ação de alguém que é livre."

A concepção geral de liberdade, que se aplica indiscriminadamente a tudo o que existe, é importante para a filosofia política, pois dela serão caudatárias, por definição, as noções de liberdade natural e liberdade civil. Segundo essa definição, um homem é livre quando não encontra impedimentos à sua ação. Ou seja, afirmar que alguém *agiu livremente* significa tão-somente que, realizada segundo a vontade do sujeito, não houve qualquer impedimento interno ou externo para o concurso da ação. Uma situação de liberdade natural ou estado de natureza se caracteriza quando não há efetivamente impedimento legal ou legítimo à ação de qualquer indivíduo. No estado de natureza, cada indivíduo é livre para obter aquilo que lhe aprouver por direito natural — pois o "direito consiste na liberdade de fazer ou omitir". Esse é um dos elementos que incrementam as condições de impedimento do movimento vital no estado de natureza, na medida em que é um dos principais elementos de um eminente contexto de disputa acirrada pelos bens.

São poucos os eventos da história que suscitam nos intelectuais a reflexão. Podemos mencionar a revolução de

1789, a unificação das nações e o advento dos Estados no século XIX, a revolução de 1917 e o advento dos Estados totalitários. Também em 1642 isto foi requerido. A vida política inglesa entrava em convulsão: iniciava-se a guerra civil para a derrubada de Carlos I. O clima político e intelectual vinha se acirrando há pelo menos uma década; as discussões giravam em torno da representação e da legitimidade do Estado e, o que não poderia deixar de ser, sobre a liberdade civil. O problema consistia em saber quem poderia legitimamente representar o Estado e qual o limite de sua atuação e as condições para a liberdade civil. O liberalismo iniciava, então, sua marcha histórica.

Quando de fato a guerra civil irrompeu nos campos ingleses, o debate foi posto à coroa pelos defensores do parlamento. Eles defendiam que, em situações de emergência e crise institucional, a soberania deveria ser representada pelas duas casas do parlamento. Essa proposição fundava-se no argumento que tinha as seguintes premissas: o poder dos príncipes é derivativo, isto é, secundário; a causa eficiente do poder, em última instância, é o povo. Logo, os representantes eleitos do povo — o parlamento — têm o direito maior de assumir as funções do Estado, quando da situação de ameaça à liberdade e à segurança do povo.

Essa tese foi imediatamente contestada por aqueles que viam no rei o único *ente* capaz do exercício soberano e legítimo das funções de Estado. Evocavam a autoridade divina do rei, isto é, que o rei é o único que pode legitimamente conduzir o poder temporal, por desígnio e consentimento ou pela graça de Deus. Esse tenso debate foi levado às últimas conseqüências e teve como norte o problema de sobre qual ente político recairia legitimamente a soberania do Estado.

Thomas Hobbes, preocupadíssimo com a situação de insolvência política da Inglaterra, entra no debate e defende a idéia de que a soberania não reside nem na pessoa natural do monarca, nem em uma associação de pessoas naturais, mas na pessoa artificial do Estado. Autorizados pelos súditos, aqueles que conduzem essa pessoa artificial são os que detêm legitimamente o poder soberano, isto é, são autoridades. Esse debate, muitas vezes marcado pela contingência e circunstâncias históricas, acaba por derivar para a relação entre o poder do Estado e a liberdade de seus súditos. A questão que se apresentava poderia ser formulada nos seguintes termos: o que significava ser um homem livre no interior de uma sociedade civil? Ou ainda, em que medida poder-se-ia compatibilizar liberdade individual e soberania?

A resposta de Hobbes é tão surpreendente quanto inventiva. Tomando-se a concepção de liberdade, de deliberação e vontade hobbesiana, podemos dizer, inicialmente, que ser livre no interior do Estado é simplesmente estar desimpedido de exercer suas capacidades na busca dos fins desejados. Não obstante, uma das tarefas fundamentais do Estado consiste em preservar os direitos dos cidadãos, impedindo que ultrapassem os limites legais, invadindo mutuamente os direitos de ação. Essa tarefa é cumprida com isonomia pelo Estado. Através de seu poder de coerção, funda na deliberação de cada cidadão uma preferência como vontade, ou seja, pelos "motivos" apresentados é melhor cumprir a lei do que desobedecê-la.

Em outros termos, levando-se em consideração que um indivíduo não age contra a sua vontade, então, quando, sob a coação das leis, agir por medo da pena correlata à infração das mesmas, agirá livremente. Pois, como foi dito acima, um dos papéis nobres do Estado quanto à proteção dos direitos individuais, é apresentar "razões sensíveis" que influam no processo de consecução da vontade, na deliberação. O Estado sempre irá atuar junto aos seus cidadãos com o intuito de lhes influenciar, pelo seu gigantesco poder, a deliberação. Com isso, pretende que os mesmos desistam da desobediência e ajam em conformidade com a vontade de obedecer às suas proposições, isto é, suas leis. Nesse sentido, as penas correlatas às leis transformam o direito civil em uma forma de grilhão artificial, cuja matéria é a linguagem, a palavra, e por isso sua eficiência reside mais no perigo e na ameaça do que na dificuldade de rompê-lo. Ora, tal concepção de liberdade se assemelha à liberdade que um prisioneiro tem de mover-se dentro da cela.

Não obstante, afirma Hobbes, existe outra liberdade, aquela que se faz pela ausência da lei. Esta Hobbes denominará de liberdade civil, que advém da ausência de regramento ou lei que venha a constranger a deliberação e conformar a vontade. Nesse sentido, há uma plena liberdade do súdito. Em caso de ausência de prescrição de lei, o súdito tem a liberdade plena de agir ou abster-se, de acordo com seu discernimento. Essa liberdade decorre, então, da ausência de coerção física ou legal.

Como afirmamos acima, Hobbes escreve sua teoria em momento grave da história inglesa e moderna, em que a disputa intelectual ganha conotações de disputa política. Nesse embate, Hobbes escreve contra aqueles que, ao defenderem o direito da soberania da coroa ao parlamento, defendiam uma idéia de liberdade civil ancorada no ideal clássico do Estado livre ou *civitas libera*. Esta idéia supõe um estado de liberdades preservadas pelos cidadãos e garantidas pelo Estado, de tal modo, que este passa a viver sob os auspícios das mesmas.

Em resumo, um Estado livre é aquele que preserva a sua liberdade ou soberania de agir como quiser, na medida em que preserva as liberdades de seus cidadãos. Como observa Skinner, isso se assenta na idéia de que os indivíduos são a base e o poder do Estado, pois sua liberdade é derivada da liberdade de cada uma de suas partes. Desse modo, quando reunidos, podem destituir a representação e instituí-la, conforme o livre exercício das suas vontades. Veremos que a oposição de Hobbes — se o lermos com atenção — não é quanto à liberdade que cada um tem de se sujeitar e viver sob um Estado livre; pelo contrário, isso não contradiz sua teoria. O problema residiria na disposição para a instabilidade do Estado ao sujeitar a sua liberdade à liberdade dos indivíduos e passar a viver sob o signo da particularidade ou do conflito das vontades particulares.

A teoria hobbesiana não aceita tornar o Estado refém da particularidade do livre jogo das vontades de grupos, associações ou indivíduos que componham a sociedade civil. Portanto, para Hobbes, aquilo que os defensores dessa teoria almejam — um Estado livre em que se viver como homens livres — é ameaçado pela manutenção indiscriminada da própria liberdade individual como fonte da sua soberania. Esta condição retiraria a possibilidade de qualquer manutenção da liberdade soberana do Estado e da possibilidade da liberdade civil.

Segundo Hobbes, a liberdade é também fonte da soberania. Os homens portadores de direitos — autoridades — eram livres no momento do contrato para se sujeitarem, mediante as suas cláusulas, à soberania do Estado. Ou ainda, o contrato é um ato de homens livres que transferem sua liberdade para essa pessoa artificial, constituindo-a como soberana. A liberdade civil, segundo Hobbes, é aquilo que resta como liberdade ao indivíduo, que, frente à indeterminação legal, é soberano para, segundo sua consciência, agir ou omitir-se. Veremos detalhadamente estes tópicos no último capítulo deste livro, observando que o Estado político em Hobbes é um estado de liberdade mediada, no qual a *liberdade civil* cumpre um papel decisivo para a obtenção do bem comum. Contrariamente à posição política de Hobbes de defesa intransigente da monarquia, explicitaremos a compatibilidade desta teoria com a idéia moderna de Estado republicano em alguns pontos fundamentais para a representação dessa figura histórica da política moderna e contemporânea.

Inércia, liberdade e soberania: a trajetória do pensamento político de Hobbes

Será estabelecida agora a relação entre os domínios distintos que compõem o sistema de filosofia hobbesiano. Ou seja, oferecemos ao leitor a oportunidade de apreciar os resultados da aplicação da lei de inércia, o princípio de sua filosofia primeira (física), aos corpos de um modo geral, para depois então apresentarmos, na medida dos nossos propósitos, a aplicação deste ao homem ou ao domínio da sua filosofia moral. E, finalmente, ao principal artifício humano, o Estado político e a filosofia política. Deste percurso teórico, extrairemos uma acepção de *natureza humana* que será fundamental para a compreensão da liberdade natural, do advento do Estado e da liberdade civil.

Inércia, corpos e conatus. Segundo Hobbes, os homens pertencem à classe dos corpos vivos, animados e finitos, sendo esses corpos que constituem a matéria do Estado. Logo, é pertinente que se examine quais os resultados da aplicação do princípio de inércia sobre os mesmos e no domínio da filosofia política. A aplicação do princípio de inércia ao domínio da filosofia política obedece a uma via dedutiva que tem os seguintes enunciados como premissas e conclusões: a) todo corpo persevera no estado cinético (movimento ou repouso) em que se encontra; b) existem corpos que se encontram no estado de movimento; c) (segue-se que) esses corpos, que conformam um subconjunto do conjunto maior dos corpos e que se encontram em movimento, perseveram nesse estado. Esta conclusão é tomada como premissa para um segundo argumento que se refere à aplicação do princípio de inércia aos seres vivos e que tem os seguintes enunciados como premissas e conclusões: a) todo corpo que pertence ao conjunto dos corpos que se encontram em movimento persevera nesse estado; b) existem corpos existencialmente finitos que pertencem a uma subclasse dos corpos animados e que se encontram em um estado cinético específico, a saber: o movimento interno; c) (segue-se que) todo ser vivo se esforça por perseverar em seu estado de movimento interno, o qual se designa por movimento vital.

Considerando o argumento acima exposto e a verdade de suas premissas, necessariamente é verdadeiro que todo ser finito se *esforça por manter-se* em seu movimento vital ou em preservar sua vida. O termo *conatus* (esforço) é introduzido nessa conclusão tanto no *De corpore* como no *De homine*. Esta perspectiva de leitura da obra de Hobbes, que remete à aplicação do princípio de inércia aos corpos específicos, implica uma caracterização da natureza humana, isto é, a caracterização de uma subclasse dos corpos animados e existencialmente finitos. Essa caracterização ocorre através de um expediente de especificação dos tipos de movimentos particulares aos seres humanos.

Segundo a teoria hobbesiana, os animais e, de igual modo, os homens têm o seu movimento vital determinado pelos desejos e aversões que experimentam em relação às suas sensações. Tal estrutura determinante dos objetos da vontade se traduz pela seguinte sentença: o homem busca o que lhe proporciona prazer e evita aquilo que lhe causa desprazer. Disso se depreenderão as noções de bem e de mal, o que poderia levar à consideração de que, nisso, reside um princípio ou fundamento de uma teoria moral sensualista. Entretanto, o binômio prazer/bem e desprazer/mal é correlato à estrutura de desejo e aversão que expressa o direcionamento da energia interna (*power*) para aquilo que pode manter o equilíbrio de energia no sistema como um todo. Em outros termos, bem/mal são valores que se comportam como vetores que apontam às condições de manutenção de energia interna; não são expressões morais, mas apenas denotam, frente a algum objeto externo, a possibilidade ou não de incremento de energia no sistema. O *conatus* (esforço) quando se dirige ou aponta para algo que é suposto como incremento das condições de manutenção do movimento vital, é designado por Hobbes como apetite ou desejo. O oposto disso — quando o *conatus* tende a se afastar do objeto — é denominado aversão.

Conatus, intenção e razão. Conforme a teoria de Hobbes, o ser humano age, necessariamente, mediante a representação de um objeto que julga adequado para a manutenção daquilo que é o bem último almejado: a vida. Esse objeto que representamos como meio para um bem maior e último, chamamos de bem. O movimento humano, ao contrário do movimento dos demais animais, é mediado pela representação de um bem sob uma forma gramatical específica: "parece-me que P", onde P está por qualquer descrição de um objeto da ação, isto é, um bem futuro. Aquilo que se almeja como um objeto a ser atingido pela ação é o que se julga ser um bem. A representação de um objeto da ação introduz a dimensão propriamente racional na esfera da ação humana, pois supõe o julgamento de uma coisa qualquer como um bem. Essa sentença se constitui como o ponto de partida de todo raciocínio prático. Não obstante, a representação de algo como objeto da ação requer um cálculo de probabilidades que garanta, com a maior segurança possível, que isso que se considera como um bem a ser alcançado se apresente no futuro como tal, como um incremento das condições para a manutenção da vida. Ou seja, o grau de segurança que um indivíduo pode ter quanto a um objeto de desejo se tornar um bem no futuro depende de um expediente da faculdade da razão.

A razão é definida, por Hobbes, como faculdade de calcular. Denomina-se raciocínio prático um determinado tipo de pensamento que calcula os meios mais adequados para se alcançar um objeto representado como um bem, o que minimiza os riscos de que esse possa se afigurar como algo pernicioso no futuro. Esse tipo específico de expediente da razão é um cálculo acerca do modo mais eficaz para cumprir o propósito primeiro de qualquer ser vivo racional: a manutenção do movimento vital. Neste ponto tem-se, então, a caracterização hobbesiana do ser humano como um ser intencional, que representa fins para a ação, e racional, que calcula os melhores meios de atingir o objeto representado como objeto da ação ou um bem.

Segundo a teoria política de Hobbes, o fato de se deduzir que os homens são seres racionais e desejantes não é em si mesmo suficiente para explicar por que o movimento de autopreservação da vida implicaria um contexto de disputa radical pelos bens, isto é, um potencial estado de guerra. A introdução das noções de igualdade humana e de escassez dos bens, ou de poder finito, é que produz no seio do argumento de Hobbes a possibilidade de um contexto de relação entre os agentes, marcado pelo signo da ameaça constante da morte violenta. A este respeito, devemos observar que a definição de poder para Hobbes é dada pela soma de todos os bens ou objetos que representamos como necessários para a manutenção da vida. Ou ainda, poder é a soma dos objetos que cada homem representa como necessário para o incremento das condições que assegurem o movimento vital — ou simplesmente a soma dos objetos de desejo de cada homem.

O ser humano, como ser finito dotado de vontade e razão, está determinado a apropriar-se de um número de bens que possibilite a manutenção do movimento vital e, portanto, de sua identidade. A característica acumulativa dessa busca por bens é apresentada no seguinte argumento: dada a finitude da existência humana e que a abundância de bens não pode ser demonstrada *a priori*, então é mais racional — para este ser de existência finita — a *suposição* da escassez dos bens do que sua abundância. Em outros termos, para um ser racional e finito é mais razoável a suposição da finitude dos bens que o seu contrário. A conseqüência disso é que de quanto mais meios (bens) um homem dispuser para a manutenção da vida, tanto mais estará assegurado que o fim último, a preservação da sua vida, será almejado. Entretanto, algo ainda deve ser arrazoado pela faculdade de calcular, a saber: qual a quantidade de bens necessária à manutenção da vida, visto que a sua obtenção implica uma demanda de energia, e o excesso de bens poderia implicar um desperdício de poder (força, energia)? O problema reside em saber qual a quantidade precisa de bens a serem adquiridos, visto que tanto o excesso como a falta poderiam comprometer a manutenção da vida.

Hobbes resolve esse problema mediante a introdução do *princípio da igualdade natural* dos homens e do *princípio do poder*. O argumento hobbesiano sobre a igualdade natural é formulado por recurso analítico que expõe uma propriedade comum aos homens: a igualdade natural. Ao contrário do que as aparências e os sentidos indicam, pois o que percebemos nos homens são as suas discrepantes propriedades (força, inteligência, sagacidade etc.), Hobbes deduz a igualdade através do seguinte argumento: "São iguais aqueles que podem fazer coisas iguais um contra o outro; e aqueles que podem fazer as coisas maiores (a saber: matar) podem fazer coisas iguais. Portanto, todos os homens são, naturalmente, iguais entre si ... ." Ou seja, independentemente das propriedades particulares de cada um, cada homem está autorizado a supor a igualdade de condições dos demais para a disputa pelos bens: os mais fracos podem se associar e se tornar mais fortes do que os fisicamente avantajados; os inteligentes e os astutos podem estrategicamente impor a derrota aos demais etc.

Já supondo a igualdade dos agentes e, agora, considerando-se os bens como finitos, a busca por seu acúmulo engendraria, necessariamente, uma disputa radical e agressiva entre os homens que os julgam necessários para a manutenção de suas vidas. Um ser racional e desejante, nessas circunstâncias, irá procurar antecipar-se e acercar-se do maior número de bens, que são meios para manutenção do movimento vital. Hobbes define o poder como os meios (bens) de que um homem dispõe para obter qualquer bem futuro.

Cada agente está autorizado a supor, então, que existe uma relação de simetria entre a quantidade de poder e a quantidade de bens; à medida que se acumula uma quantidade de bens, incrementa-se uma quantidade correspondente de poder. Segundo a teoria hobbesiana, o poder caracteriza-se como "soma-zero", isto é, o incremento de poder de um agente implica o decréscimo de poder de outrem. Quanto mais bens um agente obtém, o mesmo número de bens é subtraído dos demais. Portanto, necessariamente, o acréscimo de vantagens de um agente, ou agentes, implica, simetricamente, o acréscimo de desvantagens dos demais, o que corresponde a uma diminuição de igual proporção da capacidade desses de se manterem vivos. Logo, esses agentes racionais que se encontram em desvantagem buscarão conquistar uma diferença de poder que os posicione em uma situação vantajosa em relação à disposição de bens presentes para a conquista de bens futuros. Desse modo, Hobbes demonstra *a priori* que a busca pelo acúmulo de bens não tem limites quanto à quantidade deles necessária para permitir o posicionamento privilegiado dos agentes para a manutenção de suas vidas. Ou ainda, os agentes estão autorizados pela faculdade da razão — supondo a finitude dos bens e a igualdade natural — a se esforçarem para acumular a maior quantidade possível de bens, tornando-se, assim, ainda mais poderosos.

Direito natural e liberdade. Hobbes irá conceituar o *direito* e a *justiça* por intermédio da definição de razão. A demonstração da adequação desses conceitos com as máximas da faculdade da razão (que aparecem resumidas sob a seguinte sentença: que todo homem proteja quanto possível sua vida e os membros do corpo) é o modo pelo qual Hobbes os define. Este é o fundamento do direito, a saber, a vida e as ações que visam mantê-la, pois é o fim legítimo de toda ação de um ser finito e racional. Ora, quem tem direito ao fim deve ter, necessariamente, direito aos meios para a sua obtenção. Logo, se todos têm o direito de se preservar, então, têm, concomitantemente, o direito de se valer de todos os meios e de efetuar todas as operações sem as quais não podem preservar a si mesmos. Sob esse aspecto, cada indivíduo está autorizado, legitimamente, a agir conforme o que seu julgamento lhe apontar como o melhor do ponto de vista da estratégia, e nisto consiste a *liberdade* que conforma o estado de natureza.

O juiz no estado de natureza é o próprio indivíduo, pois pela ausência de uma instância isenta resta somente a opinião dos demais que são, por sua vez, partes interessadas em relação à posse dos bens. A impossibilidade da confecção e da existência de um tribunal dirimidor de conflitos no interior do estado de natureza advém da parcialidade dos interesses de cada indivíduo quanto à posse dos bens e daquilo que cada um julga como bem e mal. O que é racional e o que é bem ou mal são considerados tão-somente à luz do ponto de vista do juiz em questão, isto é, cada indivíduo. Ou seja, somente segundo a perspectiva da subjetividade desejante e racional do indivíduo na liberdade que constitui o processo de deliberação, no qual a razão quer fundar uma preferência como vontade, é que uma máxima é julgada como justa ou não. Logo, o sujeito racional, desejante e livre — quanto à decisão sobre o que é bem ou mal para si — é portador de direitos, constituindo-se, por definição, em uma autoridade. Observemos: autoridade é aquele que está autorizado a algo ou a agir legitimamente sobre algo amparado em direitos. Como indivíduos, no estado de natureza, portam direitos naturais, pode-se dizer que são autoridades por natureza.

Em um primeiro momento da análise da natureza humana em sua filosofia política, Hobbes abstrai o homem das relações com os outros, ou seja, considera-o em um plano de não-composição com os demais indivíduos. Isso caracteriza um primeiro momento exigido pelo método geométrico de resolução e composição que Hobbes, como vimos, adota. O segundo momento é a possibilidade do estado de guerra de todos contra todos que ocorre no instante da composição desses sujeitos de direito que portam em si a condição legítima de juízes do que é o bem e o mal, segundo sua experiência particular. Por direito natural, Hobbes entende que o próprio homem é juiz sobre a questão de se os meios e a ação de que precisa são necessários ou não à preservação de sua vida e dos membros do corpo. Isso caracteriza o momento de *atomização* no estado de natureza e de liberdade ilimitada no campo da ação dos indivíduos, no qual o que é racional e, portanto, justo o é somente do ponto de vista do julgamento de cada indivíduo. Ou seja, esse é um momento de ausência total de regras de ação externas à subjetividade ou ao desejo de cada agente.

Neste momento, afigura-se a expressão máxima da liberdade no estado de natureza. Primeiramente, cada indivíduo é caracterizado como autoridade sobre sua ação, o que significa que do ponto de vista do direito cada um é juiz soberano sobre a legitimidade de seu querer e das ações que dela se depreendem. A soberania é dependente da definição de liberdade, pois se declara a soberania de alguém quando este não encontra impedimento legal ou físico para o exercício da sua ação. O segundo aspecto que radicaliza o contexto de liberdade é a ausência de consenso sobre o que é o bem ou o mal, isto é, a ausência de regras que determinem e tornem possível a efetivação de um domínio moral. Cada qual julga o bem e o mal na profusão dos seus desejos e de suas experiências mundanas. Esse aspecto é relevante porque um dos resultados da teoria política hobbesiana é que o exercício da moralidade (isto é, os agentes orientarem sua vida prática por leis morais) somente será possível sob os auspícios do poder estatal.

Estado de guerra e egoísmo. O estado de guerra, na ordem das razões e na ordem de exposição, é um momento posterior de composição dos indivíduos. Não se caracteriza por ser um estado de conflito empiricamente dado, mas sim um estado de conflito possível, um estado de hostilidade potencial, um tempo no qual os agentes reconhecem e intencionam a ação violenta como meio para a resolução de suas contendas.

A racionalidade do estado de guerra é, em um primeiro momento, dada pela racionalidade das premissas. Ora, os indivíduos como sujeitos desejantes e racionais estão autorizados pelo direito à vida e pelo direito aos meios a disporem de todas as coisas para obterem os bens que julgam necessários para a manutenção de suas vidas. Nesse sentido, há um paradoxo, pois um ser humano, ao agir racionalmente, busca estabelecer uma diferença quantitativa de poder em relação à quantidade de poder dos outros indivíduos. Supondo que os demais indivíduos também ajam racionalmente, essa diferença engendra um estado de guerra. É importante observar que o mínimo logicamente requerido — além das suposições sobre a igualdade natural e a finitude dos bens — para que se consolide a idéia do estado de disputa agressiva e conflito é a suposição das *unidades desejantes* autorizadas por direito à obtenção de todos os bens que julgarem necessários, independentemente do modo como se afigurem (um homem, um grupo de homens, um exército ou até uma família, entre outras formas de associação).

Há uma dificuldade colocada pela ordem dos argumentos expostos: quando os homens agem racionalmente, são levados a um estado de guerra. O estado de guerra é, portanto, racionalmente necessário para a preservação da vida. Contudo, considerando a igualdade natural dos seres humanos, segue-se que a busca por "poder e mais poder" ("power after power") implica o risco de diminuição das condições de manutenção do movimento vital. Obtém-se, então, uma situação de contradição: em função da preservação da vida, gerou-se um estado no qual ela passa a ser mais ameaçada. Essa contradição se apresenta como um paradoxo engendrado pela composição de agentes caracterizados como seres que buscam tudo aquilo que, segundo o cálculo da razão e o impulso do seu desejo, lhes assegura a manutenção da vida. Ou seja, aquilo que, num primeiro momento, é bom para cada um segundo sua razão e seu desejo, não pode sê-lo para todos quando compostos em um contexto de interação. Portanto, em um segundo momento, não pode ser bom para cada um.

Nesse sentido, o paradoxo engendrado pela composição dos indivíduos é a prova de que os mesmos, enquanto agentes racionais, devem abandonar a busca incessante por poder, em nome do fim último que perseguem (a vida), e constituir um estado de paz que os livre da ameaça imediata da guerra. O sujeito desejante e racional — e, sobretudo, portador de direitos — se apercebe, pelo cálculo da razão, que o estado de guerra é o pior estado e que, em última instância, é um estado de irracionalidade, pois ali a vida é mais ameaçada. Dessa forma — como a reta razão irá ordenar —, segue-se que ele deve fazer tudo o que for possível para abandonar tal estado com o intuito de preservar o movimento vital.

As propriedades naturais do ser humano, ser desejante e racional, implicam o esforço para a preservação de sua identidade. O *axioma de finitude* — todo ser vivo persevera no esforço para manter o movimento vital que lhe constitui — desdobra-se, analiticamente, em um axioma de identidade dos seres finitos. Como bem assinala Balthazar Barbosa Filho, "a identidade de uma coisa particular na natureza depende logicamente de seu poder de autoconservação, quer dizer, de sua capacidade de manter uma distribuição suficiente e permanente de energia no sistema como um todo, não obstante, a alteração constante de suas partes". Disso extrai-se que "quanto maior for o poder de autoconservação da coisa particular frente às causas exteriores, mais realidade terá a coisa e mais claramente ela poderá ser distinguida como possuindo uma natureza e uma individualidade definidas". Nesse sentido, pode-se concluir que os homens — seres finitos — esforçam-se para preservar a si mesmos e aumentar essa capacidade de autoconservação, isto é, o poder. O oposto contradiria sua natureza, ou melhor, sua identidade como ser finito, ou desejante. Dessa forma, o auto-interesse, ou egoísmo, se constitui como algo natural e, por isso, determinante do ser humano.

O auto-interesse ou egoísmo pode ser expresso pelo desejo natural que o ser humano tem de maximizar seus ganhos e minimizar seus prejuízos para qualquer situação dada. A questão que se coloca para cada indivíduo é qual o tipo de composição ideal com os outros em que ele maximize da melhor maneira possível os ganhos e minimize ao máximo as perdas. O estado de guerra é uma composição onde está sempre suposta, segundo a igualdade natural, a possibilidade da morte violenta, pois cada indivíduo tem de considerar, no cálculo da razão, a possibilidade de que os outros indivíduos tenham de suprimir sua vida, na medida em que é um obstáculo em potencial à manutenção da vida destes. O auto-interesse ou egoísmo, então, leva, o indivíduo a perceber que a melhor possibilidade para realizar seu propósito é através de um determinado tipo de composição com os demais seres racionais. Ou seja, maximizar os ganhos e minimizar os prejuízos, levar vantagem em qualquer situação, podem significar, em determinadas circunstâncias, ter de abdicar a determinados direitos ou benefícios. É o que ocorre justamente na passagem à confecção do estado por intermédio do contrato.

Do egoísmo à paz: a gênese do Estado. O auto-interesse implica abandonar uma situação de disputa sem limites pelos bens — isto é, de liberdade plena — e, portanto, uma situação de incompatibilidade de interesses, para a confecção de uma situação de compatibilização e de composição de interesses. Esta decorre da condição inicial dos indivíduos como portadores de direitos por natureza. Ou melhor, portadores de um único direito fundamental, à preservação da vida, do qual se deriva outro direito que legitima o uso de todos os meios que o sujeito achar necessários para atingir este fim último.

Um contrato sempre requer uma renúncia, que é autorizada pela razão, desde que implique uma contraprestação — pois seria contraditório com a identidade dos seres vivos, desejantes e racionais, um ato que não visasse à obtenção de um bem para si. "Pois — o contrato — é um ato voluntário, e o objetivo de todos os atos voluntários dos homens é algum bem para si mesmos"; a renúncia apenas ocorre sob a condição de que seja recíproca. Isto é suportado pela conclusão que cada indivíduo obtém empregando a razão, ou faculdade de calcular, e é formulado pela máxima que tem, de acordo com Hobbes, o estatuto de lei natural: "que cada homem deve, necessariamente, se esforçar para a obtenção da paz, se tiver possibilidade de atingi-la; entretanto, se não a obtiver, deve preparar-se da melhor maneira possível para a guerra". Dessa lei da natureza decorre uma segunda lei que ordena que, em vista da possibilidade de obtenção da paz, cada homem renuncie ao *direito a todas as coisas* somente se todos assim procederem.

O reconhecimento de que o estado de guerra é o pior estado de composição entre os indivíduos — pois a ameaça à vida de cada um é intensificada nessa situação — é produzido pelo cálculo da razão. A renúncia ao direito de dispor de todas a coisas em favor de um dos contratantes aumentaria, temerosamente, o poder deste em relação aos demais; nesse sentido, Hobbes expõe o caráter e a natureza particular do estado de guerra como um estado de sujeitos interessados, compostos pela disputa das vontades particulares, no qual não se encontra nenhum agente que fuja a esta caracterização. O reconhecimento dessa condição requer a necessidade da criação de um elemento que não pertença a esta esfera que possa assegurar aquilo que é de interesse comum. Assim, o ato de renúncia só é requerido pela razão se, e somente se, no momento do contrato se confeccionar um ente que não seja uma pessoa física, mas uma pessoa civil, isto é, uma *ficção*, um *constructo*.

O ofício do artifício: a manutenção da paz. O Estado concebido como um artifício reporta à sua gênese, que reside no gesto do contrato. Nesse aspecto, ele é um artefato, que não tem existência independente da existência dos indivíduos que o constituem e que, como cidadãos, o compõem. Essa relação causal do artifício com os seus construtores — que, por sua vez, são a sua matéria — revela a relação de dependência de existência do Estado com a existência dos entes que o compõem. Essa dependência está impressa na finalidade com a qual o Estado foi confeccionado e que é o princípio regente de suas ações: a manutenção da vida de cada um de seus membros, os homens que o constituem. Ou seja, como todo corpo existencialmente finito, o Estado manterá uma relação de necessidade com cada parte que o compõe.

Como já vimos, segundo o mecanicismo hobbesiano, a manutenção da vida de um corpo animado qualquer supõe, por parte deste, um esforço para obter força ou poder e distribuí-lo por suas partes constitutivas, preservando-as e, desse modo, preservando a si mesmo, isto é, sua unidade e, simultaneamente, sua identidade. Isto se fundamenta no axioma de identidade dos corpos finitos. A relação que o Estado, concebido como um corpo artificial, mantém com os indivíduos que o compõem enquanto cidadãos ou súditos é a mesma que um corpo vivo mantém com as partes que o constituem. Portanto, o bem último do Estado — a saber, preservar sua identidade através da manutenção do movimento que lhe é interno e que o torna coeso — coincide necessariamente com o bem último dos seres que o compõem. Ou seja, a matéria estatal são os homens; portanto, o Estado preserva o movimento vital destes da melhor maneira possível, o que significa preservar-se de sua insolvência, da morte. Cito Hobbes: "[A] tal ponto que este acondicionamento [bens e riquezas] é como se fosse a corrente sangüínea de um Estado, pois é de maneira semelhante que o sangue natural é feito dos frutos da terra; e, circulando, vai alimentando pelo caminho todos os membros do corpo do homem. ... E também nisto o homem artificial conserva sua semelhança com o homem natural, cujas veias recebem o sangue das diversas partes do corpo e o transportam até o coração; e depois de vitalizá-lo o coração volta a expelir o sangue por meio das artérias, a fim de vivificar e tornar possível o movimento a todos os membros do corpo."

Esta é a novidade que Hobbes introduz como argumento e prova no domínio da filosofia política, a saber: a finalidade do Estado coincide formalmente com a finalidade última de cada homem que o constitui, isto é, a manutenção de sua existência depende da manutenção da vida dos cidadãos ou súditos que o compõem.

A obediência dos homens, como cidadãos, ao Estado está fundada no desejo e na faculdade auxiliar da razão. Este argumento vem estabelecer a natureza ontológica do Estado. Como vimos, Hobbes tem uma tese básica acerca do existente: nada pode existir que não tenha extensão. O que existe, existe porque é determinado espacialmente, logo o que existe são os corpos. A entidade criada através da renúncia coletiva — o Estado político — não tem, assim, uma existência independente em relação aos indivíduos; ela é o efeito de um gesto de criação. Esse ente é uma criação, produto da deliberação humana, e não tem, portanto, uma existência que esteja dada na ordem causal dos eventos naturais, embora esteja determinado pela causalidade natural. Ele tem o estatuto da artificialidade, porque tem a sua gênese na intencionalidade dos sujeitos.

Estado, deliberação e conatus. Considerando-se o que foi dito anteriormente, deve-se observar com atenção que o objeto de deliberação é necessariamente indeterminado, isto é, um objeto que não existe no presente de forma efetiva, como fato do mundo presente. Ora, não se pode deliberar sobre o que já está determinado (fatos passados ou presentes); o objeto sobre o qual se delibera é necessariamente um "objeto futuro" ou inexistente, ou ainda, poderíamos dizer, aberto aos caprichos do arbítrio humano. Ele depende em absoluto da intencionalidade, pois é uma representação na imaginação do desejo humano. Esse *objeto* se constitui pela *máxima* que orienta a ação, sendo esta conjugada em um verbo no tempo futuro. Desse modo, a existência do soberano é caudatária da intenção e da ação humana, que supõe a indeterminação ontológica dos seus objetos. Ou seja, são objetos sobre os quais os homens deliberam como objetos possíveis para o campo da ação. Ora, é um tipo de objeto cuja possível existência reside na tensão da deliberação, na tensão da possível ação ou omissão. Nesse sentido, o Estado — um ente dessa classe de objetos — não pode estar presente no momento do contrato.

Assim, pode-se entender a existência do Estado como caudatária da intencionalidade e do agir humano. Não obstante, desta indeterminação presente na gênese do Estado não se segue que ele não seja determinado por leis condicionantes da existência e dos movimentos de todos os seres existentes depois de constituído como um corpo e, portanto, como um fato existente no mundo. O Estado político, desde sua gênese, está lógica e ontologicamente condicionado pela existência dos seres humanos, quer no momento específico de sua confecção — o contrato — quer pela finalidade que determina o sentido de suas ações. Ou seja, o Estado, como qualquer corpo animado, deseja manter sua identidade e coesão, preservando o movimento interno específico que o constitui — a vida dos homens/cidadãos.

Como foi dito acima, pela aplicação do princípio de inércia aos movimentos específicos dos corpos animados, a existência do Estado depende do esforço que este realiza para a distribuição de força ou poder para as partes que o constituem. Essa distribuição se dá na forma de benesses que incrementam as condições pelas quais cada homem pode manter da maneira melhor e mais confortável a sua vida. O Estado, como qualquer ser, é dotado de *conatus*, e essa condição de ser desejante é conseqüência da determinação natural, explicitada pela prevalência das leis naturais sobre todos os fatos, ou corpos, existentes no mundo.

O ato de criação do Estado, como vimos, pressupõe a caracterização do homem como um ser naturalmente dotado de direitos. A sua confecção ocorre, no momento do contrato, mediante os *gestos* que assinalam a efetiva autorização. Nesse instante, o autorizado é criado e suas ações passam a representar, de forma absoluta, a vontade dos autores da representação. Nesse caso singular, a transferência de direito, por meio da autorização, cria simultaneamente o objeto, isto é, o Estado. Cito Hobbes: "Uma pessoa [o Estado] de cujos atos uma grande multidão, mediante pactos recíprocos, foi instituída por cada um como autora, de modo a ela poder usar a força e os recursos de todos, da maneira que considerar conveniente, para assegurar a paz e a defesa comum."

Segundo Hobbes, o desenvolvimento das condições para uma vida confortável depende, necessariamente, do advento do Estado; esse é efetivado pelo ordenamento e restrições relativas àquelas ações dos agentes que podem afetar o bem comum. A paz efetivada pela soberania é condição necessária e suficiente para o bem comum. Entretanto, o desenvolvimento das condições que podem implementá-lo é obtido pela ação livre dos indivíduos, que tendem naturalmente para isso no interior da sociedade civil organizada. A analogia hobbesiana do movimento da ação humana com o movimento natural das águas em um rio revela que o Estado, tal como as margens, não obstaculiza o movimento natural dos homens para a obtenção do que é melhor para si, senão que o orienta para o seu melhor fluir. A seguir, veremos em detalhes e próximo à letra de Hobbes como a soberania se compatibiliza com a idéia de liberdade, e, igualmente, como a concepção de Estado hobbesiana se ajusta a uma representação particular da liberdade civil.

Soberania e liberdade civil

A crítica à filosofia política de Hobbes. Ao longo da história do pensamento moderno e contemporâneo, Hobbes é constantemente acusado de ter formulado uma teoria política na qual o Estado é forjado como o supressor da liberdade dos indivíduos. Em muitos manuais de sociologia, de ciência política e filosofia política, Hobbes é apontado como um pensador que formulou uma "teoria de direita" (o que consiste em erro terminológico), como um filósofo que inoculou na modernidade o germe do totalitarismo e como "antidemocrático" e contrário a um Estado de direitos e garantias individuais, na medida em que defendia a monarquia absolutista.

Ora, estas idéias aqui reunidas na forma de acusações acabam por apresentar Hobbes como um autor contrário àqueles conteúdos que, nos dias que correm, conformam a idéia de liberdade e que estão representados como instituições nos estados de direito democráticos. Em respeito a Hobbes e à sua obra pretendemos demonstrar, ao caracterizar a concepção de liberdade civil e de Estado, que essas acusações não correspondem às pretensões do filósofo e nem aos seus resultados teóricos.

Por certo, Hobbes definiu o Estado como o domínio da obrigação e do exercício do poder de um e da obediência absoluta dos demais, o que constitui a relação soberano/súdito. Entretanto, substituindo os termos da relação por Estado/cidadão, é de se perguntar se essa não é a base do modelo que vigora efetivamente nos Estados republicanos contemporâneos. Ora, não é verdade que a decisão do Estado corresponde a um conjunto de leis que estipulam direitos e obrigações os quais os cidadãos devem acatar? De modo nenhum, no modelo hobbesiano, o exercício da soberania é contraditório em relação às concessões que conformam os direitos individuais, que podem muito bem ser compreendidos como a extensão da idéia de bem comum, isto é, como aquelas condições estipuladas pelo soberano poder para a boa vida. O fundamental é que o Estado seja concebido como uma *pessoa* que delibera e que o resultado dessa deliberação seja por todos acatado. Esse processo de deliberação pode ser da maneira mais complexa possível, como atualmente ocorre nas repúblicas democráticas. Nestas, uma decisão do Estado pode transcorrer por várias instâncias, onde o grau de recursos remete a decisão para instâncias superiores. Não obstante, uma vez deliberado, o Estado constituiu sua vontade em benefício ou não de um ou mais cidadãos, e esta vontade tem de ser inexoravelmente observada.

Ora, um adversário de Hobbes poderia questionar se, segundo o modelo hobbesiano, um cidadão que se sinta prejudicado poderia entrar com recurso contra alguma lei ou ação que o Estado tenha declarado ou promovido. Esta é uma questão contingente para Hobbes. O Estado é soberano e, portanto, se existe um contexto sociopolítico determinado por regras desta natureza, isto é, que permitam aos súditos processarem o Estado toda vez que se sintam prejudicados, existe em virtude da própria soberania e do exercício da mesma — seja ela encarnada por um homem, alguns homens ou uma assembléia reunida.

Hobbes obviamente é adepto do seu tempo e das idéias políticas que ajudou a fundar. Não estava em questão, na época, uma série de pontos e idéias que vieram à tona após o Iluminismo alemão e francês e tiveram seu ápice com a Revolução Francesa. Entretanto, a pretensão de universalidade de sua teoria política impõe somente o seguinte: se as condições mínimas requeridas para o exercício da soberania forem preservadas, então quaisquer espécies de Estados e contextos sociopolíticos historicamente efetivos não são contraditórias com o modelo hobbesiano.

O ataque a Hobbes é geralmente dirigido ao exercício da soberania e à ausência de liberdade — expressões que, com desprezo intelectual, caracterizam o pensamento político de Hobbes como o do fundador do Estado absoluto em detrimento da liberdade dos indivíduos. Isso é muito comum tanto por parte daqueles que advogam teses liberais como daqueles que vêem no Estado hobbesiano a expressão intelectual particular da opressão absoluta de uma classe em relação a outra. Essas caracterizações derivam de uma leitura superficial e errada da obra de Hobbes. Pois, uma leitura mais acurada revela-o como o mentor e fundador da idéia do Estado como um contexto sociopolítico de liberdade mediada pelo respeito à lei e pela manutenção do exercício dos direitos individuais. É o modelo no qual a palavra de ordem do estado de liberdade individual (*a liberdade de um cidadão termina onde começa a do outro*) deve necessariamente vigorar pelo exercício da soberania do Estado. Desse modo, então, pretendemos caracterizar o Estado hobbesiano como um estado de liberdade, de possibilidade efetiva do exercício dos direitos individuais, mediado por certas obrigações referentes ao respeito às leis.

A qualificação do estado de natureza como um estado de liberdade plena, no qual cada indivíduo é juiz da própria ação, e a conseqüente supressão deste estado por meio da obrigação irrestrita ao soberano em favor da manutenção da vida, corroboram para esta caracterização do Estado como supressor absoluto da liberdade. Entretanto, não é esta caracterização que Hobbes pretende do Estado. No *De cive*, o filósofo afirma com clareza que a liberdade dos cidadãos não consiste nem na isenção destes em relação às leis do Estado, nem no constrangimento do Estado quanto à prescrição das leis que desejar, mas na desregulamentação de uma numerosa espécie de afazeres. A liberdade consiste, portanto, naqueles movimentos e ações dos cidadãos que não são em sua totalidade regulados pela lei e nem poderiam sê-lo devido à sua diversidade. No *De cive*, Hobbes declara a este respeito que "forçosamente haverá um número infinito de casos que não são ordenados, nem proibidos, mas nos quais cada um pode fazer ou deixar de fazer o que bem entender. Nestes, diz-se que cada qual goza de liberdade, e é neste sentido que se deve entender liberdade nesta passagem, a saber, como aquela parte do direito de natureza que é reconhecida e deixada aos súditos pelas leis civis."

O silêncio da lei e a liberdade civil. A liberdade dos cidadãos, portanto, consiste na liberdade privada que cada um tem com relação a todas as coisas que não recaírem sob o domínio do bem comum, isto é, do bem público. O Estado regra as ações que atentam ou são contrárias ao bem comum. Esta liberdade, remanescente da liberdade natural e que os indivíduos mantêm no âmbito das ações que não ferem ou não dizem respeito ao bem comum, requer o consentimento do soberano. Este consentimento aparece na forma do "silêncio da lei" e se refere àquelas coisas que não são objetos da vontade do Estado ou de suas prescrições. "Quanto às outras liberdades, dependem do silêncio da lei. Nos casos em que o soberano não tenha estabelecido uma regra, o súdito tem a liberdade de fazer ou omitir, conformemente a sua discrição."

O soberano profere leis que, ao organizarem as atividades dos indivíduos, reprimem ações que atentem ou possam atentar contra aquilo que é de interesse comum. E, ao fazer isto, o Estado visa unicamente ao incremento das condições para a realização do bem comum. Nesse sentido, o soberano não necessita promulgar leis referentes às ações ou atividades particulares que não ferem o bem comum mas que por si mesmas apontam para o incremento das condições que possam efetivá-lo. Nesse argumento referente à regulamentação e à desregulamentação das ações dos cidadãos ocorre uma distinção, ainda que incipiente, entre o domínio da ação privada (aquela que se conforma à liberdade da vontade de cada indivíduo) e o domínio público.

Afirmar que um determinado tipo de ações depende exclusivamente da liberdade de cada indivíduo equivale a afirmar que este depende, única e exclusivamente, de sua deliberação, isto é, de sua liberdade de ponderação ou escolha. Portanto, pode-se dizer que há liberdade quando um indivíduo age no exercício legítimo de um direito expresso e reconhecido como tal pelo Estado soberano. "Faz parte, portanto, da liberdade inofensiva e necessária dos súditos que cada um desfrute, sem medo, dos direitos que lhe são reconhecidos pelas leis."

O exercício do direito de usufruto da propriedade por quem legitimamente a possui é, para Hobbes, o exercício de liberdade. Pois, ao conceder tal direito para alguém, o Estado o protege dos obstáculos que possam impedir este movimento (o movimento do desfrute). O único que pode impedi-lo é o próprio soberano, retirando-lhe a concessão. A propriedade em Hobbes é concebida, em última análise, como uma concessão do Estado; Hobbes afirma que o direito de propriedade, que teve início no momento do advento do Estado político mediante o contrato, reserva para os cidadãos a propriedade efetiva dos bens. Nesse aspecto, o Estado os protege dos demais concidadãos porque "eles [estão] obrigados pelas mesmas leis; mas essa propriedade não exclui o direito do governante supremo — cujas ordens são leis, cuja vontade contém a vontade de cada qual, e que foi constituído juiz supremo por cada pessoa singular."

A liberdade civil e a produção do bem comum. Como vimos acima, a soberania do Estado se impõe para assegurar os direitos de cada indivíduo, de tal modo que a ação de um indivíduo quanto a um objeto de sua propriedade não pode ser obstaculizada pelos demais. O Estado, deste modo, se afigura como um contexto sociopolítico de liberdade porque foi instituído com a finalidade de manter uma liberdade fundamental dos indivíduos: o estado cinético interno, ou o movimento vital. A liberdade, como vimos, é definida por Hobbes como a ausência de obstáculos ao estado cinético em que um corpo se encontra. De acordo com esta definição de liberdade, a tarefa fundamental do Estado é garantir condições para a manutenção do livre exercício deste estado cinético interno por cada um dos seus súditos. O ordenamento da ação, através da restrição do seu campo de possibilidades, é requerido como meio para a correção de uma perversão originada pela liberdade absoluta de ação no estado de natureza. Qual perversão? Que o princípio (a manutenção da vida) que legitimava o estado de plena liberdade de ação passa a ser ameaçado quando do exercício do mesmo. Ou seja, a liberdade plena de ação ou de movimento externo se constituía em ameaça ao movimento vital.

Nesse sentido, ao promulgar leis, penas e direitos, o Estado ordena as ações e assim resguarda a liberdade de cada indivíduo de manter-se neste estado cinético pelo qual se preserva como unidade desejante e racional, isto é, como *uma pessoa*. Hobbes é explícito ao tratar desta tarefa do Estado. Ele a caracteriza — mediante uma metáfora cinética — não como opressiva, mas como *ordenadora* dos corpos que, pela pluralidade de suas rotas e movimentos, tendem à colisão na ausência de um elemento externo que os direcione. Esta passagem, embora se caracterize pela metáfora, é bastante reveladora. Nela, por referência ao *princípio da natureza*, Hobbes expõe e expõe-se: expõe a função ou papel do Estado; expõe-se como um teórico comprometido com a perspectiva mecanicista e naturalista da filosofia política. Cito Hobbes: "Assim como a água, quando está cercada de todos os lados por margens, estagna-se e se corrompe, e quando não tem limites se espraia demais, e quanto mais passagens encontra, mais livremente toma seu curso, também os súditos, se nada pudessem fazer sem a ordem da lei, se tornariam enfadonhos e pesados, e se tudo pudessem se dispersariam; assim, quanto mais coisas não forem determinadas pelas leis, de mais liberdade eles desfrutam.

Ambos os extremos são defeituosos: pois as leis não foram inventadas para suprir as ações dos homens, e sim para dirigi-las, assim como a natureza ordenou as margens não para deter, mas para guiar o curso das águas. A medida desta liberdade deve ser retirada do bem dos súditos e da cidade. Assim, em primeiro lugar, vai contra o ofício daqueles que mandam e têm autoridade de legislar que haja mais leis do que sejam necessárias ao serviço e ao bem do magistrado e de seus súditos."

Deve-se observar que Hobbes estabelece uma relação interessante nesta passagem: a convergência entre o bem do Estado e o bem do cidadão. O leitor de Hobbes está autorizado a depreender da passagem acima que o Estado deve propiciar aos cidadãos a maior liberdade possível quanto ao exercício de suas atividades privadas. Do mesmo modo que a água se deteriora pelo represamento excessivo, o regramento excessivo que conduz à paralisação das atividades privadas dos indivíduos implica uma situação de não-desenvolvimento das condições necessárias para a produção do bem comum. Isso denota uma compreensão do Estado não como um agente opressor das qualidades da natureza humana, mas como um agente ordenador da sua manifestação.

Tal caracterização do Estado evita uma situação paradoxal, a saber, que o fim de sua ação política — a manutenção do bem comum — não seja comprometido pelo excesso de regramentos ou leis. Se as ações humanas visam sempre ao incremento das condições para a manutenção do movimento vital, e se a finalidade do Estado consiste em estabelecer as condições políticas para que isto seja atingido de maneira segura ou livre daquela situação paradoxal que a possibilidade da guerra representa, então o Estado, sempre que possível, deve estimular nos cidadãos pelo não-regramento o exercício da liberdade da vontade e de todas as ações que possam conduzir para aquele fim.

O Estado em Hobbes deve ser caracterizado, entre outras coisas, como um mantenedor e estimulador daquelas liberdades que, por si só, incrementam as condições do bem comum. No *Leviatã*, ele caracteriza tais atividades e a liberdade que cada qual tem quanto às mesmas. Essas atividades dizem respeito à satisfação pessoal, ou ao interesse privado, dos agentes e derivam exclusivamente da vontade de cada um destes. A base de toda a atividade comercial — a realização de contratos — não é regrada direta e particularmente pelo Estado, o que configura uma liberdade. Não obstante, cada agente econômico tem a segurança de que os contratos, que são a expressão da vontade de cada parte, serão respeitados em virtude da lei que assim determina e do poder do soberano de fazer cumpri-la. Isto denota que o Estado deve apenas forjar, mediante um conjunto de leis, as condições sociais e políticas para a realização do comércio e de todas as atividades que venham incrementar as condições da vida humana, e que repousam na deliberação de cada um e no exercício livre de sua vontade. Cito Hobbes: "Portanto a liberdade dos súditos está apenas naquelas coisas que, ao regular suas ações, o soberano permitiu: como a liberdade de comprar e vender, ou de outro modo realizar contratos mútuos; de cada um escolher sua residência, sua alimentação, sua profissão, e instruir seus filhos conforme achar melhor, e coisas semelhantes."

Em outros termos, Hobbes está fundando a idéia de um Estado que, ao visar ao bem comum, cria as condições para a *livre iniciativa*. Esta, por sua vez, se caracteriza por fundar-se na relação de transferências de direitos entre sujeitos que, conforme as suas vontades, se obrigam mutuamente mediante contratos e assim realizam livremente a troca de mercadorias, a venda de produtos e todas as demais formas de relações comerciais.

Hobbes salienta que somente no interior da sociedade civil é possível o desenvolvimento daquelas condições para a manutenção confortável da vida. O Estado, compreendido como promotor da paz, representa a única possibilidade para a satisfação do "desejo daquelas coisas que são necessárias para uma vida confortável, e a esperança de consegui-las através do trabalho."

Em resumo, o desenvolvimento das condições para uma vida confortável depende necessariamente do advento da paz, obtida através do ordenamento e restrições das ações que podem afetar o bem comum. A paz efetivada pela soberania é condição necessária e suficiente para o desenvolvimento daquelas atividades que levam a uma vida confortável. Não obstante, estas atividades desenvolvidas no interior da sociedade civil repousam na liberdade privada dos indivíduos, que tendem por natureza para o prazer e o conforto, isto é, para a boa vida. Podemos dizer que Hobbes, na passagem acima, afirma que o Estado, por analogia a um rio, não constrange o movimento natural dos homens para a obtenção do que é melhor para si, senão que o orienta para que flua da melhor maneira possível. Este *fluir* do movimento natural dos homens não deve ser obstaculizado por um aparato legal excessivo; tal ato é contraditório com o bem comum na medida em que ameaça a obtenção e o desenvolvimento, pelo engenho humano, dos meios para uma vida confortável.

Estado, direitos e liberdade parcial. O Estado hobbesiano é o artifício humano que possibilita o desenvolvimento das artes, da ciência, do trabalho e do comércio, enfim, de tudo aquilo que repousa sobre a iniciativa e o exercício das faculdades naturais de cada homem. O seu oposto, o estado de guerra, é a situação onde não há lugar para os resultados do engenho humano. Na guerra, ao contrário do que parece afirmar Hobbes, o homem não *humaniza* o mundo. Se a guerra revela certas características demasiadamente humanas, não é nela que os resultados das faculdades humanas se desenvolverão. Na guerra, escreve Hobbes, não há nada além do medo. Nela não há "lugar para a indústria, pois seu fruto é incerto; conseqüentemente não há cultivo da terra, nem navegação, nem uso de mercadorias que podem ser importadas pelo mar; não há construções confortáveis, nem instrumentos para mover e remover as coisas que precisam de grande força; não há conhecimento da face da Terra, nem cômputo do tempo, nem artes, nem letras; não há sociedade ... ."

O exercício destas atividades — a engenharia, a medicina, as artes, as ciências, o comércio — está amparado, afirma Hobbes, em parte no direito natural que foi preservado no interior da sociedade civil, isto é, na "parte do direito de natureza que é reconhecida e deixada aos súditos pelas leis civis."

Nesse sentido, o conceito de direito supõe a definição de liberdade. O direito é a liberdade que cada homem possui de usar seu próprio poder segundo sua vontade para a realização de um determinado fim, o qual o direito anuncia como legítimo. Como vimos, Hobbes concebe a liberdade à luz de uma teoria cinética, pois esta denota nada mais do que a ausência de obstáculos em relação a um estado cinético em que um corpo se encontra. Esta é uma definição estritamente mecanicista da liberdade, não se reportando inicialmente a nenhuma concepção moral ou ética que se funde estritamente no domínio prático — tal como a filosofia kantiana, por exemplo, irá requerer.

Como já vimos, a liberdade é definida como um estado físico no qual os corpos podem se encontrar ou não, bem como todas as demais concepções relativas aos estados em que as ações humanas se realizam, isto é, nos quais os corpos humanos se encontram. O contexto do poder é definido pela obrigação, o que denota um estado de ordenamento do movimento através de um certo tipo de constrangimento da ação. Nesse sentido, as leis do Estado, por analogia, são como as margens de um rio: não impedem o movimento, ordenam-no, tornando-o, inclusive, mais vigoroso.

Retomando a definição de liberdade — a ausência de todos os impedimentos à ação que não estão contidos na natureza e nas qualidades intrínsecas do agente — e o que foi acima dito sobre o ordenamento das ações que o Estado impõe pelo exercício de sua potência ao promulgar leis, decorre que o homem, sob a condição de súdito, encontra-se em uma situação de obrigação, isto é, em uma situação de impedimento de suas ações. Esta conclusão parece depor, em um primeiro momento, contra a leitura que tenta estabelecer o Estado como um domínio de liberdade mediada ou de liberdade possível, tendo em vista a natureza humana.

Quando nos referimos deste modo ao Estado, queremos significar, primeiramente, que, do ponto de vista jurídico e político, os homens se encontram duplamente obrigados, isto é, entre si como pactuantes e ao poder do soberano, como súditos, pela representação outorgada. Neste aspecto, os homens no interior do Estado são súditos e, como tais, se encontram constrangidos. Logo, não se encontram naquele estado de liberdade que o direito natural assegura. Entretanto, quando Hobbes, no *Leviatã*, apresenta a definição de liberdade, deixa transparecer a possibilidade formal de um contexto de *liberdade parcial*. Ora, poderíamos afirmar, adotando a definição hobbesiana de liberdade e a passagem abaixo, que *liberdade parcial* é aquela em que um conjunto de ações se encontram impedidas ou constrangidas enquanto outras não. "Por liberdade entende-se ... a ausência de impedimentos externos, impedimentos que muitas vezes tiram parte do poder que cada um tem de fazer o que quer, mas não podem obstar a que se use o poder que lhe resta, conforme o que seu julgamento e a razão lhe ditarem."

O que está enunciado nesta passagem é a possibilidade formal de uma *liberdade parcial* ou mediada. Em passagens anteriores, vimos Hobbes expressamente sugerir que, em nome do bem comum, o Estado, no exercício de sua soberania, deve permitir a liberdade para um conjunto determinado de ações. A liberdade destas ações repousa na liberdade da deliberação de cada um, não encontrando impedimentos legais para se realizar.

Estado, medo e liberdade: a preferência pela obediência. Alguns críticos de Hobbes argumentam que a liberdade no Estado hobbesiano não é possível, em virtude de os cidadãos obedecerem ao Estado por constrangimento e medo. Como sustentar a afirmação contrária de que o Estado hobbesiano é um contexto sociopolítico de liberdade parcial, frente às sentenças expressas abaixo pela letra do próprio Hobbes?

a. "Porque tudo o que estiver amarrado ou envolvido de modo a não poder mover-se senão dentro de um certo espaço, sendo este espaço determinado pela oposição de algum corpo externo, dizemos que não tem liberdade de não ir mais além. E o mesmo se passa com todas as criaturas vivas, quando se encontram limitadas por paredes e cadeias .... costumamos dizer que elas não têm a liberdade de se mover da maneira que fariam se não fossem esses impedimentos externos."

b. "Homem livre é aquele que, naquelas coisas que graças a sua força e engenho é capaz de fazer, não é impedido de fazer o que tem vontade de fazer."

c. "Mas, tal como os homens, tendo em vista conseguir a paz, e através disso sua própria conservação, criaram um homem artificial, ao qual chamamos Estado, assim também criaram cadeias artificiais, chamadas leis civis... ."

A melhor forma de fazê-lo é contrapor a estas outras afirmações textuais que corroboram nossa análise. Se observarmos a passagem, já citada, na qual Hobbes tece a analogia das leis do Estado com as margens de um rio, ver-se-á que as passagens "a" e "c" acima condizem com a idéia de *estado de liberdade parcial* que Hobbes apresenta. O Estado proíbe certas ações para orientar o movimento natural de cada homem (a busca do melhor para si) para que este atinja sua finalidade. Mas o que resulta na consciência de cada indivíduo, considerando os três elementos associados: o poder supremo do Estado, a lei e a pena correspondente?

Hobbes dirá que em cada homem se produzirá o medo de desrespeitar as leis do Estado, tendo em vista o enorme grau de possibilidade de sofrer as penas correspondentes. Isto equivale a afirmar que a potência do Estado funda uma preferência na vontade de cada homem — mediante o cálculo auxiliar da razão — de que é melhor obedecer ao Estado. Em resumo, os homens obedecem as leis por medo da punição. "É por si só manifesto que as ações dos homens procedem de sua vontade, e essa vontade procede da esperança e do medo, de tal modo que, quando vêem que a violação das leis provavelmente lhes acarretará um bem maior, ou um mal menor, do que traria a sua observância, eles facilmente as violam. ... Devemos portanto providenciar nossa segurança, não mediante pactos, mas através de castigos; e teremos tomado providências suficientes quando houver castigos tão grandes previstos para cada injúria que se evidencie que sofrerá maiores males quem a cometer do que quem se abstiver de praticá-la. Pois todos, por necessidade natural, escolhem o que a si pareça constituir o mal menor."

Medo e liberdade, segundo Hobbes, não são incompatíveis. Todo processo de deliberação, por definição, pressupõe um estado de indeterminação em relação ao fim que irá determinar a ação, e este estado é de liberdade. Conforme já foi dito anteriormente, este estado de liberdade é um estado cinético, e o fato de não prevalecer uma expressão de *conatus* — uma sensação constituída como vontade — sobre as demais sensações relativas ao objeto é o que caracteriza este processo deliberativo. No momento em que uma sensação ou manifestação de *conatus* prevalece, o processo finda e dela decorre imediatamente a ação. A ação é condicionada pela vontade, que é, por sua vez, o último elo da cadeia de deliberação.

Obedecer à lei por medo, portanto, não está em desacordo com a liberdade, afirma Hobbes. Igualmente, a confecção do pacto que institui o Estado não está em desacordo com a liberdade, embora este ato tenha como causa o medo da morte violenta. Segundo Hobbes, toda ação realizada por medo deriva de um processo de deliberação, isto é, de um "momento" de liberdade dado na subjetividade do sujeito. Um homem é livre, segundo Hobbes, quando não é impedido de realizar algo que possa e que queira fazer.

Mediante esta definição, pode-se afirmar que um homem que age em obediência às leis do Estado, em respeito a uma máxima da razão, é tão livre quanto aquele que as obedece por medo de sua potência. Ambos são livres pelo fato de que suas ações se seguem de suas vontades, ainda que estas sejam moralmente antagônicas. "Assim também às vezes só se pagam as dívidas com medo de ser preso, o que, como ninguém impede a abstenção do ato, constitui o ato de uma pessoa em liberdade. E de maneira geral todos os atos praticados pelos homens no Estado, por medo da Lei, são ações que seus autores têm a liberdade de não praticar."

Deliberação, liberdade e necessidade. Faremos aqui uma breve recapitulação sobre o conceito de liberdade e de deliberação. Hobbes adverte, nas suas obras de filosofia política e em *Liberdade e necessidade*, que a liberdade não pode ser pensada como independente das categorias da causalidade e da necessidade. Segundo essa acepção de liberdade, uma ação é considerada como livre na medida em que o seu transcurso não é obstaculizado. Entretanto, a ação é determinada por uma causa imediata, a vontade, isto é, por uma sensação que preponderou sobre as demais no processo deliberativo. A deliberação — como já vimos na seção "Inércia e liberdade" — é concebida como uma cadeia de sentimentos antagônicos — desejos e aversões — causada por um objeto do querer. Nessa cadeia de sentimentos antagônicos, prevalece a indeterminação de um sentimento sobre os demais, e essa indeterminação é compreendida como a liberdade que o sujeito possui em relação à determinação da causa da ação.

Não obstante, essa liberdade ainda é condicionada, pois a sensação, que constituirá a vontade no término do processo, tem uma causa que a determinará como tal. Hobbes afirma que as sensações de medo, desejo e aversão, entre outras, suscitadas pelos objetos, são como *imagens* reproduzidas na faculdade da sensação pela memória de experiências passadas com os mesmos. Pois se um homem está deliberando sobre qual a melhor estratégia, ou conjunto de ações, para obter a vitória em um combate, está necessariamente ponderando sobre elementos relativos à sua experiência passada em combates. Tais elementos — imagens preservadas na faculdade da memória — são acompanhados de sentimentos de desejo ou aversão. Por exemplo, uma determinada imagem produzida pela rememoração de fatos e ações passadas que implicaram a derrota, a subordinação e o sofrimento é acompanhada por sentimentos, ou sensações, de aversão, medo e temor. A liberdade, nessa acepção, não significa a autonomia da vontade frente às relações causais que conformam o mundo e a natureza. A sensação que conformará a vontade ao término da deliberação tem necessariamente sua causa em fato ou fatos repetidamente vivenciado(s) e resguardado(s), como uma corrente de sensações na memória, o que compõe a sua experiência. Ou seja, os homens deliberam no presente ponderando sobre fatos e sensações passados.

Devemos ter sempre em vista que, segundo Hobbes, os homens agem sempre orientados pelo impulso de preservação da vida. Assim sendo, a causa imediata da ação — a vontade — sofre uma determinação interna e natural, a qual Hobbes denomina *conatus*. Essa determinação atua decisivamente sobre o processo de deliberação da seguinte maneira: uma vez que esse impulso primevo se desdobra, através da experiência mundana, em uma diversidade de qualidades de sensações (desejo, aversão, medo, frustração, entre outros), e que as sensações são a "matéria-prima" do processo de deliberação, então a vontade — que é uma sensação a ser eleita na deliberação como a causa da ação — foi determinada e condicionada por aquele princípio — o *conatus*. Além disso, devemos acrescentar que somente a partir da experiência os objetos são *assinalados* com essas qualidades de sensações. Esses sentimentos e sensações são como *marcas* ou *efeitos* produzidos pela atividade dos objetos sobre o aparato sensível e denotam o risco, a ameaça, o conforto, a segurança em relação ao fim último — a preservação da vida

Para Hobbes, o movimento das águas de um rio é livre, pois não há impedimentos ao mesmo, e é necessário, porque, como um efeito, é necessariamente produzido e condicionado por uma causa. O mesmo, afirma Hobbes, ocorre com as ações humanas, pois são efeitos da vontade e transcorrem livremente na ausência de impedimentos externos. Entretanto, se realizarmos o percurso contrário, partindo dos efeitos (as ações) e ascendermos em direção às causas da ação, passando pela causa imediata (a vontade) e chegando às causas que produziram as sensações que compõem o expediente de deliberação, obteremos uma cadeia de causas e efeitos que acabará por se inscrever em outra cadeia causal maior, que conforma o mundo. Nesse sentido, a acepção hobbesiana de liberdade é compatível com os conceitos de causalidade e de necessidade porque é, em última instância, definida por recurso aos mesmos.

A acepção hobbesiana de liberdade interdita outras acepções que se fundamentam na negação da compatibilidade entre necessidade e liberdade. Hobbes afirma em *Liberdade e necessidade* que não é possível para o intelecto finito conceber algo que possa ter início a partir de si mesmo, mas somente a partir da ação de algum agente imediato. Desse modo, quando um homem manifesta desejo por alguma coisa pela qual não tinha antes desejo e vontade, a causa dessa vontade não é a vontade em si mesma, mas alguma outra coisa, ou causa, que atuou sobre ele e da qual ele não têm consciência imediata.

Deve-se salientar, já que se mencionou esse ponto, que ele é o tópico central sobre o qual Hobbes se debruça nas discussões com o bispo de Derry nas obras relativas a *liberdade* e *necessidade*, a saber: o problema referente à natureza da ação humana e ao seu estatuto. Como vimos antes, a tese que Hobbes defende nesses textos é que a ação humana não é livre — no sentido de ser derivada de uma vontade incondicionada — porque é condicionada pela ordem causal da natureza. A vontade livre, concebida como a incondicionalidade propiciada por uma ruptura entre o domínio da ação e o domínio dos eventos naturais, é para Hobbes um absurdo que leva à contradição com os conceitos de mundo (domínio dos fenômenos espaço-temporais, determinados pela causalidade), intelecto finito (cujo conhecimento é determinado pelas condições fenomênicas) e Deus (a onisciência, a onipotência e a suprema bondade). Este último é formulado como um problema teológico no *Leviatã* do seguinte modo: "Deus, que vê e dispõe de todas as coisas, vê também que a liberdade que o homem tem de fazer o que quer é acompanhada pela necessidade de fazer aquilo que Deus quer, e nem mais e nem menos do que isso ... E se acaso Sua vontade não garantisse a necessidade da vontade do homem, a liberdade dos homens seria uma contradição e um impedimento à onipotência e liberdade de Deus."

Além disso, Hobbes afirma no *De corpore* que, ao se romper com a causalidade, rompe-se com a geração, e onde não há geração não há, correlativamente, a possibilidade de conhecimento filosófico.

Bem comum e boa vida: o resultado da compatibilidade entre soberania e liberdade civil. Pode-se dizer — retomando a questão da liberdade civil — que os homens são livres no interior do Estado, isto é, são livres para decidir obedecer ou não as leis positivas e igualmente livres para agir conforme sua vontade. Sob esse enfoque fica ressaltado que o Estado tem a função de fundar pela sua potência uma preferência como vontade na deliberação dos homens. Esta preferência leva os homens a agirem em conformidade com a vontade do soberano expressa como lei. Nesse sentido, não há uma contraposição *a priori* entre as leis e a liberdade. Cada homem mantém no interior da vida em sociedade a liberdade de decidir sobre os desígnios de suas ações, podendo, inclusive, deliberar pela recusa em obedecer às determinações do Estado. O que o Estado representa, pelo seu vasto poder, é a minimização do risco de que isso venha a acontecer. O que torna possível, para cada um dos agentes que o compõe, a realização das atividades privadas com uma margem muito grande de segurança.

O Estado existe em função desta possibilidade, isto é, deste risco constante de desobediência, que é encarnado pela liberdade constitutiva da deliberação humana. O soberano deve fazer com que os homens, na liberdade de sua deliberação, prefiram obedecer à lei. A ação resultante do processo de deliberação conforme a definição de liberdade é a ação de um homem livre. A este respeito, a citação acima é bastante esclarecedora, porque Hobbes afirma que as ações dos homens no Estado, de maneira geral, são praticadas por medo e "são ações que seus autores têm a liberdade de não praticar".

O Estado idealizado no modelo hobbesiano é uma concepção abstrata e não se refere a nenhum Estado particular ou forma de governo inscrito na história. As formas de governo — monarquia, aristocracia e democracia — são concebidas como formas distintas de deliberação do Estado soberano, ou seja, são modos diversos através dos quais será constituída a vontade do Estado. A "pessoa artificial" do Estado pode ser encarnada legitimamente por um homem (o monarca), pelos "melhores" homens (os aristocratas), ou ainda pela assembléia dos cidadãos (o povo). Essas formas de governo legítimas não são uma tentativa de referência a figuras políticas da história; são exigências da adequação e aplicação universal do modelo hobbesiano para todos os casos possíveis, independente das contingências empíricas.

Dessa forma, quando Hobbes afirma que o Estado deve regrar com o mínimo de leis positivas o conjunto dos cidadãos, deixando livres aquelas ações que irão engendrar o desenvolvimento e, por conseguinte, o aprimoramento das condições de vida, não está indicando um modelo particular de relação do Estado com os cidadãos. Ele está apresentando uma condição que os governantes devem satisfazer, sempre que possível, para atingir o bem comum, a saber: estimular por meio de um não-regramento aquelas ações que naturalmente produzem as condições para uma boa vida, ou seja, estimular as liberdades individuais referentes àquelas ações que não ferem o bem comum, mas que, ao contrário, podem incrementá-lo. Deve igualmente estipular direitos e regrar outras ações que pelo seu objeto atentem contra esse. Estas são atividades do Estado que coincidem com um e mesmo impulso, isto é, a manutenção e o fomento do bem comum através da coesão política e do desenvolvimento daquelas faculdades humanas mais nobres que a guerra acanha e suprime: os hábitos morais, a filosofia e as ciências, a poesia e as artes em geral, as engenharias, a medicina e o comércio.

Nesse sentido, pode-se afirmar que o caráter absolutista atribuído à doutrina política de Hobbes refere-se tão-somente à *soberania da vontade* e do *poder do Estado*, e não a um estado de supressão radical das liberdades individuais, pois, de acordo com a letra de Hobbes, estas são compatíveis com o bem comum, segundo dois aspectos: quando refletem o exercício dos direitos assegurados pelo Estado aos cidadãos, isto é, o livre exercício de direitos prescritos em leis; e quando compõem aquelas atividades privadas dos mesmos, as quais o Estado não precisa necessariamente legislar. Nesta acepção, o Estado político hobbesiano age como um mantenedor da liberdade referente ao movimento vital e da liberdade de todas as ações que venham a incrementá-lo e que produzam uma vida digna e confortável.

Referências e fontes

- Alguns tópicos apresentados nas páginas 26 a 33 baseiam-se em *Liberdade antes do liberalismo,* de Quentin Skinner (São Paulo/Cambridge, Unesp/Cambridge Univesty Press, 1999, p.15-36, 55-81).

- Os conceitos discutidos e apresentados nas páginas 13 a 20 constam das obras de Alexander Koyré *Estudos galilaicos* (Lisboa, Dom Quixote, 1986, p.13-75) e *Estudos de história do pensamento científico* (Rio de Janeiro, Forense Universitária, 1982, p.181-96).

- Alguns conceitos e idéias debatidos nas páginas 40 a 44 referem-se ao artigo "Condições da autoridade e autorização em Hobbes", de Balthazar Barbosa Filho (Porto Alegre, *Revista de Filosofia Política* n.4, 1989, p.63-75). Na página 40, cita-se a página 63 desse artigo.

- O *Leviatã* foi citado nas páginas 20, 22, 42, 44, 47, 52, 57, 58, 59, 61 e 62 (São Paulo, Nova Cultural, 1997, p.109, 111, 113-5, 171-3, 177, 198).

- O *De cive* foi citado nas páginas 33, 51-2, 53 e 55 (São Paulo, Martins Fontes, 1992, p.33, 103, 128, 232-3, 235).

- De Hobbes também foram utilizadas *Behemoth*, *Diálogo entre um filósofo e um jurista* e *A natureza humana*, *De corpore*, *De homine* e *Liberty and Necessity* (indicadas na próxima seção).

Leituras recomendadas

Considerando o leitor iniciante, sugerimos um conjunto de obras que possam auxiliá-lo a continuar com suas leituras em torno do pensamento de Hobbes.

Obras de Hobbes:

Behemoth ou O longo parlamento. Belo Horizonte, Editora UFMG, 2001.

De Corpore. Organizada por Sir William Molesworth. Londres, John Bohn, 1996.

De homine. Paris, Blanchard, 1974.

Diálogo entre um filósofo e um jurista. São Paulo, Landy, 2001.

Do cidadão. São Paulo, Martins Fontes, 1992.

Leviatã. Coleção Os Pensadores. São Paulo, Nova Cultural, 1988.

Liberty and Necessity. Organizada por Sir William Molesworth. Londres, John Bohn, 1996.

A natureza humana. Lisboa, Imprensa Nacional/Casa da Moeda, 1983.

Obras sobre Hobbes:

Ao leitor sem medo. Renato Janine Ribeiro, Belo Horizonte, Editora UFMG, 1999.

A teoria política do individualismo possessivo. C.B. Macpherson, São Paulo, Paz e Terra, 1979.

Hobbes. Maria Isabel Limongi, Rio de Janeiro, Jorge Zahar, 2002.

Hobbes. Richard Tuck, São Paulo, Loyola, 2001.

Hobbes e a moral política. Anne-Laure Angoulvent, Papirus, 1996.

Liberdade antes do liberalismo. Quentin Skinner, São Paulo/Cambridge, Unesp/Cambridge University Press, 1999.

Razão e retórica na filosofia de Hobbes. Quentin Skinner, São Paulo/Cambridge, Unesp/Cambridge University Press, 1999.

Thomas Hobbes. Norberto Bobbio, Rio de Janeiro, Campus, 1999.

Sobre o autor

Júlio Bernardes é mestre em filosofia e professor do Departamento de Ciências Humanas da Universidade de Santa Cruz (Unisc), membro do Grupo de Excelência Pronex/Capes de Lógica, Ontologia e Ética do Programa de Pós-Graduação em Filosofia da Universidade Federal do Rio Grande do Sul (UFRGS), onde cursa o doutorado.

Coleção **PASSO-A-PASSO**

Volumes recentes:

CIÊNCIAS SOCIAIS PASSO-A-PASSO

O negócio do social [40], Joana Angélica Barbosa Garcia

Origens da linguagem [41], Bruna Franchetto e Yonne Leite

Antropologia da criança [57], Clarice Cohn

Patrimônio histórico e cultural [66], Pedro Paulo Funari e Sandra de Cássia Araújo Pelegrini

Antropologia e imagem [68], Andréa Barbosa e Edgar T. da Cunha

Antropologia da política [79], Karina Kuschnir

Sociabilidade urbana [80], Heitor Frúgoli Jr.

Pesquisando em arquivos [82], Celso Castro

Cinema, televisão e história [86], Mônica Almeida Kornis

FILOSOFIA PASSO-A-PASSO

Estética [63], Kathrin H. Rosenfield

Filosofia da natureza [67], Márcia Gonçalves

Hume [69], Leonardo S. Porto

Hannah Arendt [73], Adriano Correia

Schelling [74], Leonardo Alves Vieira

Niilismo [77], Rossano Pecoraro

Kierkegaard [78], Jorge Miranda de Almeida e Alvaro L.M. Valls

Filosofia da biologia [81], Karla Chediak

Ontologia [83], Susana de Castro

John Stuart Mill & a liberdade [84], Mauro Cardoso Simões

Filosofia da história [88], Rossano Pecoraro

Teoria do conhecimento [91], Alberto Oliva

PSICANÁLISE PASSO-A-PASSO

Psicanálise com crianças [75], Teresinha Costa

Feminino/masculino [76], Maria Cristina Poli

Cinema, imagem e psicanálise [85], Tania Rivera

Trauma [87], Ana Maria Rudge

Édipo [89], Teresinha Costa

A psicose [90], Andréa M.C. Guerra

A angústia [92], Sonia Leite

Educação e psicanálise [93], Rinaldo Voltolini

Os outros em Lacan [94], Antonio Quinet

A paixão [95], Marcus André Vieira

Histeria: o caso Dora [96], Nadiá Paulo Ferreira e Marcus Alexandre Motta